내 하늘의 무지개

초판 1쇄 인쇄 2016년 09월 30일
지은이 강방영
펴낸이 이승훈
펴낸곳 해드림출판사
주 소 서울 영등포구 경인로 82길 3-4(문래동1가 39)
센터플러스빌딩 1004호(우편07371)
전 화 02-2612-5552
팩 스 02-2688-5568
E-mail jlee5059@hanmail.net

등록번호 제87-2007-000011호
등록일자 2007년 5월 4일

* 책값은 표지에 있습니다
* 잘못된 책은 바꿔드립니다

ISBN 979-11-5634-159-8

이 책은 한국문화예술위원회, 제주특별자치도, 제주문화예술재단의 지역협력형사업으로
지원 받아 발간되었습니다.

내 하늘의 무지개

강방영 시집

노래를 하면서 가는 해에 작별을 고하고, 사냥한 짐승의 영혼이
하늘로 잘 가도록 빌며, 날아가는 새들에게 다시 오라고 인사를
하고, 임종을 맞는 이의 침상 옆에서 노래를 불러 배웅한다

해드림출판사

여는 글

첫새벽 하늘로 솟는 희열

왜 시를 쓸까? 노래는 왜 부를까.
시를 쓰는 이유는 친구를 만나고
노래를 부르고 춤을 추는 이유와 똑같다.

시를 쓰거나 노래를 부르는 동안은 행복하기 때문이다.
자신의 삶을 한순간에 모아 무엇인가 의미를 만들어 내는 것,
창작할 때 우리는 몇 순간의 영원을 누린다.

솟구치는 생명의 힘이 시를 낳고
또 그런 시는 읽는 사람에게 그 힘을 다시 준다.
행복과 슬픔의 결정체인 아름다운 시,
그것을 나누고 싶고, 기억을 지키고 망각에 대항하는 것이 시이기 때문이다.

무대 위에서 공연하는 사람은 몰입 속에서 신과 같이 완벽한 순간을 보여준다.

그럴 때 모든 시간은 정지되고 지켜보는 관객들도 그로 인하여 모든 것으로부터 자유로워진다. 불완전하고 미약하고 끊임없이 흔들리는 불안한 인생이지만 창작에 몰입한 순간만은 완벽하다. 그런 순간을 함께 나누고자 추구하는 것이 모든 예술이며 시도 그중 하나일 것이다.

나의 글이 다른 사람들에게 읽히지도 않고 시집의 존재를 인정받지도 않는 현실과 세상임을 잘 알지만, 무엇인가를 창작해 낸다는 것은 즐거운 일이다. 셰익스피어 식 표현을 빌려보면, 문학에 몰두하다가 가끔은 내 처지가 부끄러워서 한숨도 지어보고, 남의 복이 부러워 혼자 슬퍼할 때도 있지만, 시를 쓰노라면 마음은 종달새처럼 가벼워져 첫새벽 하늘로 솟는 희열을 맛보니, 어떤 왕인들 이를 맛보겠는가.

문학은 한 마디로 삶이고, 삶의 의미를 압축하면 사랑이라고 할 수도 있으며, 사랑은 행복이면서 동시에 고통이 아닌가. 문학을 통해 우리는 온전한 자신으로 돌아가는 길을 찾고, 삶의 의미를 각자 나름대로 정리한다.

아름다운 바다 길을 음악처럼 흘렀던 시간, 삶이 줄 수 있는 가장 깊숙한 시간을 누렸던 순간들, 돌아보면 벌써 지나간 눈물 넘치도록 고운 날들이었는데, 망각에 대항하기 위해, 삶의 진수를 붙들기 위해 미흡하나마 그 시간들을 정리해서 보관하듯이 시를 쓴다.

누가 시를 읽고 누가 내 글을 읽을 것인가 하는 것은 사실 쓸데없는 생각이다. 쓰는 것 자체로 이미 충분한 보상을 받고 있기 때문이다.

옛사람들은 빛을 발하면서 하루가 시작되고 저물면서 다시 빛을 거두는 태양에 대해 우리보다 더욱 밀접한 관심을 두었다. 그들의 관점에서 보면 해는 매일 저녁 다음날 아침 다시 오려고 집으로 돌아가고, 사람은 죽으면서 헤어지지만 새 아침에 다시 만나려고 잠들러 가는 것이다. 그래서 노래를 하면서 가는 해에 작별을 고하고, 사냥한 짐승의 영혼이 하늘로 잘 가도록 빌며, 날아가는 새들에게 다시 오라고 인사를 하고, 임종을 맞는 이의 침상 옆에서 노래를 불러 배웅한다. 그가 가는 다른 세상에 잘 도달하고 혼자 가는 길 또한 외롭지 말라고 노래를 불러서 동반하도록 하는 것이다. 다른 세상에 도달하면 그 영혼이 새들과 함께 날아오르고 찬

란한 햇빛의 영광을 맞이하도록 노래를 함께 보내야 한다고 믿는 것이다.

옛사람들의 노래에 대한 믿음은 우리에게도 전해져서 우리는 노래를 통해 속박을 벗어나고 노래를 통해 사랑과 회한을 풀어낸다. 그들과 마찬가지로 우리에게도 노래는 기쁨이며 슬픔이며 삶이며 기도인 것이다. 노래가 주는 삶의 영광은 오늘날 우리도 똑같이 누리고 있는 것이다,

여기 모은 글들은 주로 노래의 힘과 삶의 신비를 주제로 한다고 할 수 있는데, 세부적 요소들에 따라 네 부분으로 나누어 봤다. 뚜렷이 구분되는 것은 아니라 할지라도 그 내용이 조금씩 비슷한 글들끼리 모아놓은 것이다.

Ⅰ부는 생명의 아름다움과 그 유한성에서 우러나는 애틋함을 드러내고자 한 글들의 모음이라고 할 수 있다. 나비와 꽃들이 수는 아름다움과 자연계에 충만한 생명력, 그리고 그 너머의 세계를 향한 인간의 갈망 등이 주된 관심사이다.

Ⅱ부는 고향과 유년의 추억들을 다룬 글들이다. 오래된 나무들이 하늘을 가득히 채우고 작은 초가지붕들이 그 틈에

듬성듬성 들어서서 작은 길로 이어지던 동네, 지금 나무들은 많이 사라졌지만 찾아가면 아버지 품안처럼 그리움으로 서걱거리는 고향이다. 그 마을 역시 4·3을 겪었으며 값 비싼 희생을 치렀다.

Ⅲ부는 만남과 기억을 주제로 한다. 한 사람의 생애가 영화처럼 흐르며 이어지는 가운데 여러 사람들이 그 삶에 들어오다가 다시 나가며 의미를 남기는 것 같다. 빠르게 흐르는 물처럼 시간은 가고, 그 물 위에 떠내려간 꽃잎같이 삶은 사라진다. 조금이라도 붙들어 보고 그 의미를 다시 해석하고 싶은 욕구가 우리에게 있을 것이다.

Ⅳ부는 주변 사람들의 삶이나 풍경, 언제나 돌아오는 삶 속에 나의 자리 등 여행이나 사람들 이야기에서 파생되는 교류와 교감을 모아놓은 것이다.

아침 산책을 나가면 거미줄에 걸린 이슬이 영롱하게 반짝이는 것을 볼 수 있다. 그것은 아침이 지나가는 길에 남긴 흔적이며 곧 사라질 영롱함이다. 글을 쓴다는 것도 이처럼 삶이 주는 이슬과 빛을 잡는 것과 같다고 여겨진다. '말은 비록 가냘픈 숨결에 지나지 않지만, 자신이 지휘하는 말들은 영원히 살 것'이라고 고대 그리스 시인 사포는 당당하게 읊었다. 2천 6백년도 더 지난 오늘 그 말을 여기 제주 섬의 한 여인이 인용하고 있으니 확실히 시의 생명은 오래 가는 것 같다.

앞으로도 이 삶에서 영롱한 순간들을 자주 맞이하고, 고요한 새벽하늘처럼 광활한 시의 힘을 사람들과 함께 느끼며 살아갈 수 있기를 소망한다. 내 삶에서 눈물이 솟거나 어느 순간에 다가오는 여러 가지 노래들을 붙들어서 여기 모아 '내 하늘에 무지개' 라고 이름 붙여 봤다. 이 시집을 읽는 모든 분들의 하늘에 혹시라도 작은 무지개가 뜨고 그 기쁨을 함께 나눌 수 있다면 더 이상 바람이 없을 것이다. 이 책을 내놓기 위해 애쓰신 해드림출판사의 이승훈 사장님과 여러분께 감사드린다. 끝으로 어린 시절부터 그림을 그려 선물로 주던 내 딸 은정, 벗처럼 지켜봐 주는 그 다정함에 고마운 마음 전한다.

2016년 아름답고도 뜨거운 여름에

강방영

차례

Ⅱ. 숲 안개 마을

Ⅲ. 꽃잎 떠내려간 물

Ⅳ. 돌아오는 길

Ⅰ. 아침 흰 나비

연두 빛 노랑 작은 나비

십이월 중순인데 날이 화창하여
고치 밖 세상에 나올 결심을 했는가,
떨어질 듯 팔랑이다가
드디어 풀 찾아 줄기에 내려앉다가
다시 기운을 다해 날아가는 작은 나비
이슬 속 꿈같은 너의 작은 길은 어디냐
겨울 햇살이 너를 인도하려나.

아침 흰 나비

떨어진 흰 꽃잎인 듯
검은 포장도로에 내린 나비
새 아침 빛의 바다에서 밀려난 날개

준비하던 오랜 나날과
드디어 날아오르던 환희의 순간
모두 지나가 움직임 없는 날개,

가볍게 몸 벗어두고
너는 바람과 구름 너머로
무지개를 건너서 갔느냐,

꽃 빛 안은 하늘 아래
다른 세상에서 새 날개로
더 가볍게 날고 있느냐

네거리에서 색을 바꾸는 신호등

차들이 섰다가 떠나는 이 세상

미세한 바람인 듯 나를 흔드는 너.

꽃들의 정기精氣

물기 머금은 꽃잎들 파르르 떨며
영혼의 세상을 보여 줄 듯
방울방울 눈물 어린 이야기를 할 듯

다 하지 못하는 말들
다 흘리지 못하는 눈물
아직은 다하지 못한 이 삶

꽃송이들의 고요 속에
죽은 자와 산 자를 이어주는 길
갈 수 없는 그 길이 보일 듯.

꽃

줄기 솟아 기둥으로 서면
이어서 고개 드는 봉오리
꽃잎 모두 펼쳐 하늘로 올리면서
정성으로 완성되는 사원,

하늘이 주는 빛을 받아
온몸을 채우고
고개 숙여 내려앉으면
단단한 씨앗은 바람이 업고 가
땅의 침묵 속에 부활을 예비한다.

겨울 팽나무

여름 잎들 모두 사라져
팽나무 그물 같은 실가지들

눈송이를 잡으려는가,
그 많은 손 벌려 동산에 서서

바람에 흰 나비 눈들은
춤추면서 날아가는데

바람 속에서 귀 기울여
하늘의 말씀이라도 기다리는가.

먼 산

산은
멀리 있는 그 산은
이제 너무 멀어
구름 속에 있네

찾아가는 길을 잊어
꿈속에서도 그 길을 못 찾아서

잃어버린 숲과 나무들의 노래
지금은 모두 하늘 푸른 그곳에 있네.

겨울의 꿈

다시 오는 겨울과 함께 온 눈
흩날리며 찾아오는 외로움
지난 기억들, 마음에 스미던 말들

지나간 여름 태양과 바다의 노래
어둠 오던 묘지의 고요
밤 깊어 눈 그치고 외로움도 녹아들면

잠 속에 다시 깃들이는 겨울의 빛
노래를 잃어버린 자의 꿈속에
먼 하늘과 산맥을 다시 안아 오는 눈.

노래는

슬픔 속에서 솟아나는 다정함
온 천지에 풀리며
세상을 온기로 채우는 빛,
먼 하늘 작은 구름에 오르며
우주로 사랑을 나르는 작은 새.

노래와 영원

영원으로 가는 길을 펼치는 노래
늙어가는 나는 이제 슬픔도 가벼워
제비꽃 피는 풀밭에서 바람을 타고
흰 구름 아래 열리는 길을 따른다,

푸른 물 일렁이며 오는 파도
번져가는 초록 물살의 세상
가슴 안에 돋아나는 물먹음은 잎들,
노래는 폭포로 떨어지면서
끝없는 계곡으로 나간다.

날아오는 노래

내게 날아오는 노래는
분홍 꽃잎으로 부서지다가
정령들처럼 작은 발로 춤을 추다가,
가슴을 마구 때리고는
하늘로 가버리는 종소리

먼 하늘로 노래가 오른 뒤에는
구름 사이에 떠오르는 눈물 무지개
영롱한 마음을 안아서
꽃과 바람의 고향으로 가는 무지개.

세줄 현을 타는 바다

-어느 먼 섬 주민들의 노래 -

그대와 함께 가겠지요, 우리 부르는 이 노래는
그대 가는 먼 길을 따라서 가겠지요,
붉은 나팔꽃 피는 아침 해를 맞고
새들이 나무에 내릴 때도 함께 하겠지요

소쩍새 소리 들리는 밤의 숲에
나무 사이로 검은 바람이 일어서고
차가운 하늘 멀리 별이 흐를 때도
그대와 가겠지요, 지금 부르는 이 노래는

그대 모습 눈물로 흐려지지 않고,
숲을 지나 바다로 나가 어두운 밤 지나
새벽하늘로 그대 오르도록 우리 노래는
슬픔도 가볍게 안아서 함께 가겠지요.

하늘이 내게로 오네

하늘이 내게로 오네
흰 구름 데리고
푸른 하늘이 오네

내가 가네, 둥둥 떠올라
하늘로 나가네
고즈넉한 아침 이 시간에.

가을 편지

봄을 터뜨리던 새 잎들의 속삭임
이어지던 꽃들의 날개 짓이
이제는 모두 하늘 가득 열띤 찬가

가을 속으로 번져나가는 단풍의 물결
편지 되어 날아가는 숱한 사연들
우주로 올리는 지상의 합창.

창밖으로 보이는 별

빈 종이에 쓰인 고대 언어
모호한 단어처럼
흐린 밤하늘에 떠있는 별 하나

침상에서 올려다보는 사이
구름에 덮여 그 별 사라지고
아픈 나는 잠이 지워버리네.

노래의 기억

1.
그 노래는
흐르는 물,
그 물에 뛰놀던 햇살,
잎 무성한 나무에 오던 바람.

눈으로 가득히 들어와서
가슴으로 흘러들었던
푸른 하늘의 새털구름.

2.
빛이 내렸던 날
밤의 고요를 안은 산길에
함께 서 있던 나무, 풀과 돌 위에
빛나는 별들이 내려와
지상의 마음도 하늘길 따라 우주로 간 듯

가슴에 별이 가득

잊어버린 이야기들 되살아나
길 따라 아름답게 펼쳐지며
노래로 흐르고
빛으로 흐르던 날!

나의 작은 새

파르르 날아와 내 팔에 내려앉는 따스함
작은 몸 청록색 털 덮인 얼굴,
시선을 맞추는 동그란 눈,
사과를 함께 먹는 내 고운 친구
비록 머나먼 대륙 밀림의 자손이지만
돌아갈 네 고향은 나와 같겠지.

홀로 외로움을 지저귀는 너
내 어깨에 앉히고 너의 나무가 되고자
두 팔 들어 손가락들 잎처럼 흔들면
물과 바람 소리 들리는 우리의 푸른 숲
외로움을 서로 나누며 우리는
생명의 나무 위에 함께 있구나.

목련꽃 불상

나무들과 앉아있는 청동 불상
세월의 검버섯 몸을 덮었지만,
얼굴에 미소는 아직 따스하고,
머리에 꽃 모자는 하늘로 열려
새로 핀 목련과 봄 하늘 담고

앉아있는 몸은 하늘과 땅을 이어
등과 어깨에서 팔과 손가락 끝으로
흐르는 유려한 생명의 선
감은 듯 열린 눈이 깊은 곳을 보시며
고요함으로 그 뜻을 전하시는
아, 영원으로 흐르는 이 봄날!

바라춤

냇물과 밀물이 만나는 용연 계곡

해지는 저녁 절벽 바위틈에서 박쥐가 날고

출렁이는 구름다리 위 다섯 스님의 바라춤

'세상을 비추어라 정다운 얼굴

마음을 열어라 부드러운 태도로

몸의 자리는 장소에 맞추는 것

하늘 세상에서 내려온 씨앗이 발아하고

우주의 어두움과 밝음이 마음에 깃들이니

근원으로 인도하는 마음아 다시 일어라

스스로 어둠을 지어 몸부림쳤다 해도

이 순간에 모든 생을 걸고 춤을 추어 보자'

바라를 들어서 올리고 돌리며 빙글 한 바퀴 돌고

오로지 이 한순간을 춤으로 바친다.

바람의 경전

바람이 전하는 말씀 몸으로 듣는 사람들,
그 말씀으로 낯 씻고 머리 감고, 가슴을 채우면서
큰 바위 앞에서 가르침을 더 얻고
흐르는 강물을 따르며 길을 찾으니

겹겹이 이어지는 산봉우리
넓은 고원과 황량한 숲에서 연기와 더불어
그들의 노래는 흐르고 잦아들며
굽이돌아 하늘 속 구름 길을 가네.

숲에 아침

저 멀리에 앉은 절 기와지붕 아래
스님이 경전 읽는 소리

겨울바람이 실어다
숲에 부려 놓으면

나무들 모두 그 말씀을 받아서
잎사귀마다 떨며 전하고

찾아오는 새들이 가슴에 담아
겨울을 녹이고 봄 하늘 안아온다.

호젓한 절

산 속 작은 절
호젓한 마당

고요히 숨 쉬면서
잠이 드는 바람

잠은 마당에서 멀리 바다로 내려
고른 숨결로 잔잔해지는 물결

새들이 스님을 도와
잔잔한 노래를 하늘로 올리고

깊은 호흡 속에 부드럽게
요람 속에 든 듯 모두 가볍다.

Ⅱ. 숲 안개 마을

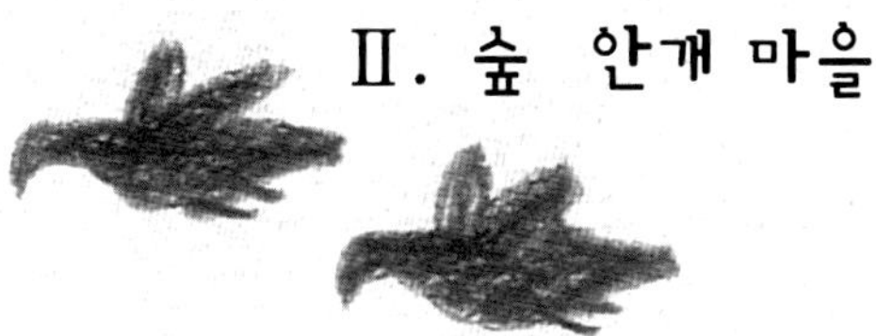

숲 안개 마을

온 동네를 지키던 해묵은 나무들
뒤 마당과 울담 따라 둘러서서
겹겹이 집을 두르고 길까지 행렬하던
동백나무 유자나무 귤나무 아왜나무
새덕이나무 조록나무
마을을 안아주던 그 많은 나무식구들

가지 넓게 펼쳐 이어 선 나무들
초록 잎들의 그물 하늘을 가리고
비와 바람을 걸러내던 그 넓은 손들
숲 안개 아래로 영원처럼 별빛이 내려앉고
산새들과 함께 잠드는 사람들의 깊은 잠
아이들은 야생 난처럼 푸르게 자랐다.

아버지의 품안

우수수 들려오는 나무들의 말소리
해묵은 그늘에 서걱거리는 아버지 말씀
온 마을을 안은 아버지의 품안
마주 보며 다가오는 군산 봉우리

우리 형제들 자라던 낭랑한 날들이
푸른 하늘에서 바람 타며 노래하고
아버지 그림자 둥둥 구름으로 떠올라
들어서면 반기는 옛 동네.

꿈속 마을

꿈속에 내가 찾아가는 푸른 초원
둥근 산의 품에 안겨 흐르는 맑은 냇물
작은 마을 앞을 돌아 지나네,

거기 우리 집 붉은 동백꽃 피는 마당
말씀 나누고 계시는 어머니와 아버지
들려오는 그 젊은 음성,

바람에 연한 볼 붉히며 웃는 이모들
뒷마당 비파나무에 별들이 살랑이고,
아직도 아이들인 내 형제들 노는 소리

밤하늘 고운 반달이 나와 함께 가네.

감나무

오랜만이다, 고향 집 감나무야
늦가을 하늘에 주홍색 열매들 달고
집 옆에 오늘도 서 있는 너
나이를 모르는 나무야

나무함지박에 풋감을 찧고
옷에 물들이던 할머니
그 옆에서 흰 감 씨 먹던 아이
나무 위에 올라 돌면서 놀던 아이들

비 맞으며 떨어지던 흰 감꽃, 무성한 잎 푸르던 여름
몇 번이나 보냈을까, 지나간 날들 지나간 사람들
햇살과 이슬을 담고 푸른 하늘로 오르며
오늘 이 시간까지 너는 모두 안고 있구나!

하늘에 배

저 하늘 끝에 배 한 척
어느 날 나를 태우러 올 때는

석양에 펼쳐지는 금빛 하늘 호수에
잔물결 일으키며 항해가 시작되고

구름 나라 고향 마을로 향하여
큰 나무 밑에 앉아 있는 사람들에게

즐거운 아이들의 날카로운 외침소리
이어지는 이야기와 웃음소리를 향하여

푸르게 도는 별들 사이로 나아가며
아득히 하늘 바다를 저어가리라.

고향

어느 시인의 시
'할아버지 고향을 아버지가 잃어버리고,
아버지의 고향은 내가 잃어버리고,
아들은 나의 고향 잃어버린다.'

그러나 반대로 살고 싶은 나
닿을 수 없고 잊을 수 없는
아버지와 나의 고향
아이들에게 주리라,

산들이 일어서 그곳 향해 달리고
구름이 바람 타고 돌아가는 곳
깊고 푸른 물이 넘실거리며
산봉우리를 안고 도는 곳,

새들이 대양을 건너 찾아가고
벌레가 나비되어 날아가는 그곳

계절이 갔다가 돌아오고
졌던 꽃들이 다시 살아나는 곳,

묵은 무덤에 새 풀이 돋아나듯
바람과 함께 작은 새들 날 듯
아이들의 꿈이 태어나고
밤이면 꿈길 밟아 찾아가는 그곳을.

우리 할아버지

모든 것을 벗어두고
달린다!
바람의 갈기를 붙들고,

구름 지나서 해 지는 서쪽 황금빛 호수로
더 빨리!
바람을 재촉하며

허공을 울리는 낭랑한 웃음소리
달린다,
별들의 우주로

성담 쌓으며 소통을 막던 세상
죽창으로 찌르고 찔리던 공포의 마을
불붙는 집과 들이대는 총대, 잃어버린 가족

어두웠던 날들도 멍들고 병든 심장도

다 벗어 두고
달린다!

드디어 도달한 자유
무한한 우주
그 무엇도 막을 수 없는 자유.

삼촌의 고향

떠도는 바람의 길을 밟고
바람이 되어 돌아오는 삼촌
부모님 형제들 살던 고향 집

마당과 나무, 담장과 지붕으로
울타리 따라 피는 붉은 깨꽃 덤불로
새들 날아들 듯 오는 삼촌

꽃가루 날리는 아침 바람
벗들과 걷던, 지금은 끊어진 길
거기 다시 새 길로 이으면서

바람으로 돌아오는 삼촌
바람의 날개로 온 하늘을 날면서
사라진 노래로 다시 산천을 깨우는 봄

다시 밝는 하늘과 노래하는 오름,

먼 들을 달려 산봉우리 너머로

구름에 닿아 가득히 울리는 노래.

기원祈願

죽음보다 더 먼 이별을 남기고 간 사람들
그들이 남긴 고향에는 다시 새들이 날고
별처럼 푸른 들꽃들이 피어나지만,

어두운 우주 무한한 허공 향해
남은 사람들은 오늘도 넋을 부르고
어둠에 흰 줄을 놓으며 길을 더듬는다.

사랑이여, 다시 피는 꽃처럼 젊어
결코 시들지 말고 길 잃지 말라,
망각 속으로 갈앉지도 말고,

새로 오는 봄이면 항상 되돌아와
노래가 되어 별빛 아래 일렁이고
물을 흔드는 달빛처럼 우리를 깨워라!

어느 날의 내 딸

여린 손가락들 끝마다 가을 햇살
나비처럼 내려앉고

날개를 접고 펴며
그 손끝에서 노는 바람

머리 위 미지의 하늘은 높고 먼데
교통 번잡한 길, 도심에 울리는 소리들

막연한 꿈처럼 창문 너머로 귀 기울이며
어스름 새벽을 기다리듯 문턱에 서 있는 너!

흐르는 눈물 너머

낮은 구름 위에 앉아 있는
아이와 선생님

둘이 함께 듣는 음악
정겨움으로 햇살 따라 울리고

가슴에서 가슴으로
땅에서 하늘로 흐르는 마음

지금도 구름 위에는 음악을 듣고 있는
그 아이와 선생님

외로운 날이면 그들이 보인다,
흐르는 눈물 너머.

노래하는 목소리

전파를 타고 오는 여인의 목소리
부르는 노래가 눈길에 찍는 발자국처럼
당신을 불러낸다,

그 날 학교에서 오는 길에서 마주친 나는
당신 손 붙잡고 왜 따라가지 않았을까
죽음의 이별을 피할 수도 있었을 텐데

코스모스 밭에 산들바람을 노래하고
가을 달 밝은 밤을 예찬하던 당신
이제는 기억 속에서만 울리는 청아한 목소리

꿈속에서나 갈 수 있는 그 마을
아련한 세월 건너편 안개 속에
울리는 피리 소리처럼 살고 있는 당신
아직도 나는 작별 인사를 하지 못했다.

바람의 피리

겨울 산과 들로 달리면서 바람은
비를 부르다가 눈과 함께 날다가,
어둠이 스미면 피리를 분다,

건물 모퉁이에서는 날카롭게 부르짖는 바다 새의 음절로
닫힌 철문 기둥에는 깊은 탄식을 통과시키며
한 곡조 불고 난 후 큰 한숨을 내쉬는데,

바람 속에 모여드는 소리들
아이들의 외침과 어른들의 말소리
어둠 속을 돌면서 노래로 울려 퍼진다,

집을 나섰다가 길 잃어 가시에 찢기고
바위 아래로 헤매다가 깊은 소에 떨어져
흰 머리 담그며 떠나간 옛 시골 할머니들,

냇물 속에서 놀다가 물의 정령에 끌려

가버린 아이들과 사라진 아주머니들
아침에 집 나가 돌아오지 않은 삼촌과 형제들

먼 바다로 떠났던 바람은 돌아오면서
그들의 숨결을 안아와 밭으로 운동장으로 풀어놓고
지나간 봄과 여름, 가을이 모두 한꺼번에 불어온다.

봄의 기차역

사람 없는 청주 공항의 역
씨앗을 품고 때를 기다리는 논과 밭,
가로지르며 길게 누운 철로
기차는 아직 아니 오고,

문득 하늘에서 들려오는 외침
황사도 아랑곳없이 나란히 날고 있는
두 마리 새, 나무 위로 내릴 듯하다가
다시 숨 가쁘게 몇 바퀴

하늘을 도는 기쁨의 노래
이어가며 날아 원을 그리니
빙빙 즐거운 비행!
이윽고 지저귐은 멀어진다,

멀리 가지마다 하얗게 꽃 덮은 나무
노랗게 빛나는 개나리 덤불,

어디에선가 온 산비둘기가
전선에 앉아 봄철의 힘을 과시한다.

어머니 뵈러 가는 길에
나는 새들과 봄 나비들
어머니 오래도록 이 세상 누리시기를
길에서 염원하며 잠시 서 있는 긴 봄날.

살아 있어라, 마음아!

이 땅에 왔다 간 사람들의 자취
그를 따라가는 우리들은
오늘 무엇을 가지고 가나,

슬픔과 한탄이 눈비처럼 날려도
삶의 어디에서인가 다시 돋는
한 줄기 소망인가,

몸이 바스러져도 붙들고 싶은 믿음,
차마 버릴 수 없어 다시 삶을 안는
자애로움인가,

허무와 희망이 번갈아 오는 세월
아침마다 날아오르는 새들처럼
되살아나는 기쁨인가,

그렇다면 살아 있어라 마음아!

돈에 오염되어 불치병처럼 거짓이 깊지만
어두운 하늘에 올리는 기도처럼,

마주치는 기만과 끊임없는 어리석음에도
꿋꿋이 뿌리로 수액을 올리는 나무처럼
홀로 비를 맞아도 마음아 너는 살아있어라!

밤을 가르는 비행기

전등불 다발로 덮여있는 저 아래 대지
도시와 도시가 빛으로 이어지고
등불의 꽃밭처럼 찬란하다,

불 밝힌 내 아들과 딸의 창도
언니, 동생, 어머니 사는 집도
멀리 어디에서 빛나고 있을 이 밤
작은 빛을 안고 가는 나,
제 자리를 찾는 별이 되어서.

새벽하늘 달

희미한 푸른빛 가느다란 곡선으로
그려진 듯 있는 하늘 가운데 달

한참 후에 보아도 여전히 그 자리
기쁜 듯 슬픈 듯 은빛 얼굴

모든 이들의 마음을 다
그 깊은 가슴으로 안고 있구나.

샘물과 작은 새

샘으로 물 길러 오던 소녀
어린 그 얼굴 샘물에 비춰보며
작은 새가 노래해도 무심했지

샘물에 몸 씻던 옛날 그 처녀
물소리 커지는 밤 들꽃 향기 짙을 때
앞산 위로 떠오르던 달이 환했지

샘으로 가는 길 이제 끊기고
찾는 이 없이 샘물 혼자 흐르는데
잠 못 드는 먼 도시의 불빛

흰 머리 얹은 할머니 베게 위로
가느다란 샘물 소리, 지저귀는 작은 새
진동하는 들국화 향기.

어느 날 마주친 꽃

안개 감싼 봄 한라산 기슭
초원의 풀 틈에 고개 드는 고사리들
도르르 순 말린 고사리 대를 꺾는 아이들
그 발자국마다 내려앉던 안개

아이들이 마주쳤던 꽃 덤불
안개 머금은 산철쭉에 홀려
고사리 대신 바구니에 담겨온 연보라 꽃
함께 왔던 작은 산안개 정령들

어느 아침 아스팔트 위에 떨어진 꽃
갑자기 마주친 오래 못 본 사람인 듯
기억 속 꽃 빛과 안개가 퍼지며
산안개 정령들 화르르 나와 흩어졌다.

진분홍 겹벚꽃

나무들은 모두 커다란 꽃다발
하늘로 밀어 올리는 분홍빛 불길

횃불처럼 타오르며 더욱 환하게
봄 하늘 밝히는 꽃불,

다시 밀려온 놀라움의 물결
춤을 추며 일렁이는 이 기쁨!

잠과 꿈 사이 거기

잠과 꿈 사이에 있는 그곳
그리움이 해가되고
날마다 뜨고 지는 달이 되고
감미로운 눈물이 나비로 날아

그 누구도 살지 않는 그곳
사람들이 잃어버린 애틋함만 살아
눈물도 마르고 그리움도 잊어버린
메마른 가슴으로 가끔 바람 불면서

사람들이 찾아가려고 나서는 그곳
그러나 오직 잠과 꿈 사이에만 있는 곳.

사람의 노래는

흰 눈 쌓이듯 가슴에 모여
응어리들이 눈 녹듯 풀리면서
흘러나오는,

먼 산으로 떠나가다가
문득 돌아서서
마을과 집을 바라보듯

봄 들판에 솟는 풀잎들
살살 달래는 바람처럼
마음을 흔들다가,

기도처럼 홀로 익어
그리움과 서러움을 다 싣고
하늘로 흐르는 노래의 강.

선달그믐 흐린 날

올해 마지막 날
아침을 잊은 듯 어두운 하늘
바람은 잿빛 하늘을 찢어낼 기세로 달려가고
성냥팔이 소녀의 마음처럼 외로운 거리
온정을 잊어버린 사람들
병들어 야윈 지구
어두운 하늘로 한해가 마감한다.

아침 해

아침 해
빛이 가득한 잔디밭,

고요함 속에
분홍 꽃들 달고 떠오른 아기동백

바람 없는 대기에서
갑자기 흔들리는 꽃가지 하나,

꽃 속에 얼굴 묻었던 직박구리
고개 들며 줄기에서 그네를 탄다.

겨울 가족

불을 피우자
춤을 추는 마음으로
어둠과 냉기를 사르고

꽃등을 올리자
정갈한 마음 모아 겨울 하늘로
우리 이야기가 별이 되도록

손잡아 보자
노래를 올려보내자
너와 나 우리 한 사랑.

Ⅲ. 꽃잎 떠내려 간 물

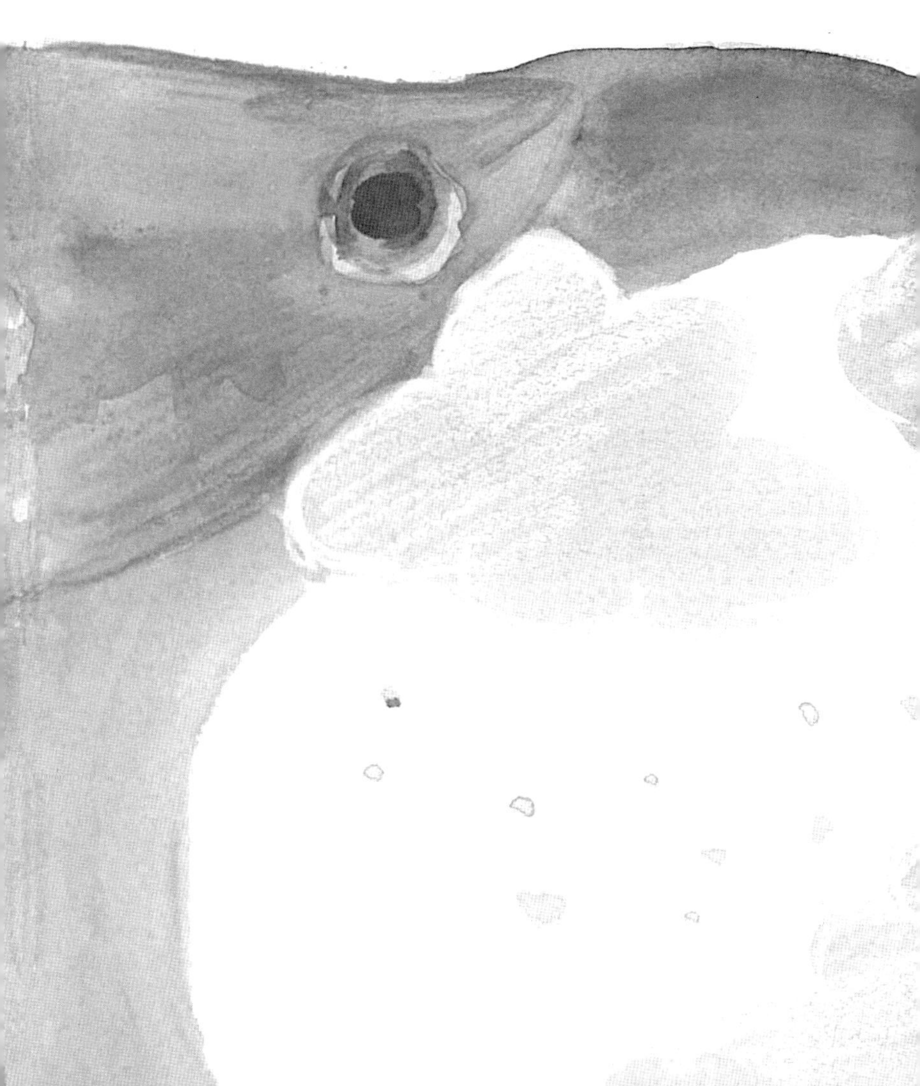

구월의 바람

파르륵
내가 보는 책장들을 화급히 넘기며
열린 창으로 들어온 바람,

한순간 방안이 가볍게 진동하고

더 넓은 세상으로의 초청에
사물들은 설레었다.

그러나 시선 옮겨 밖을 본 나
창을 닫고 다시 책상에 앉자

아직은 아니라는 희미한 중얼거림

미지의 숨결이 전하던
열정의 속삭임은 일시에 잦아들고

다시 선잠으로 빠지는 방.

사월의 새바람

잠깐 작은 비 지나가고
남은 물방울 비추는 아침 햇살
열 지어 선 벚꽃 나무들,

무수한 나비처럼 흰 눈송이처럼
바람을 타며 날고 있는
꽃 이파리들!

소임을 끝낸 즐거움
하늘로, 흙으로, 들로
떠나며 추는 춤 자유의 축제

팔 벌려 가슴 열어
하얗게 날리는 꽃바람 속에
봄날도 함께 날아서 간다.

바람 센 날

십일월 흐린 날, 바람 세게 부는 창밖
큰 새 날아가듯 공중을 가르는 물체

창문 열고 시선으로 따라가니 종이 한 장!
바람을 타서 날고 있는 찢어진 공책 장!

공중을 날며 외치는 듯, 드디어 자유!
다른 세상에서 다른 것이 되리라.

산굼부리에서

세차게 불어오는 오름 바람
하늘로 날아오르는 까마귀들

바람 따라 하늘이 출렁이고
까마득 높은 무리의 춤

검은 점들이 모이고 다시 흩어지며
즐거운 선회!

구름도 함께 춤추고
물결치는 억새들도 합세하니

모두 바람을 안고
몸과 마음 나서는 행진

햇살마저 춤추며 달려
천지에 울리는 노래

바람과 구름 따라 먼 나라로

나아가며 잠겨 드는 노래 바다.

제주칸나

길가를 따르는 무성한 제주칸나
가는 여름의 한 자락을 붙들어
붉게 노랗게 꽃 이파리 펄럭이는데

앞 바다에서 온 바람은
흰 파도와 함께 구름을 타며
짙푸른 가을빛을 들여온다,

바람의 길에 올라 오늘이 떠나고
돌아보는 여름의 마지막 시선
꽃들의 작별을 바람이 실어 나른다.

작은 잎

땅에 내려 총총 뛰는 작은 새
다시 보니 바람에 불려서
아스팔트 도로를 건너는 작은 잎,
봄날의 희망과 여름날의 환호를
이제 갈색 한 점으로 응축시키고,
새로 얻은 자유 바람을 타니
대지에 펼쳐지는 드넓은 길,

작은 몸이 하늘길을 간다.

영화映畫

심해의 어둠을 가르는 빛

때로는 아득한 산 정상을 오르는 땀방울

사막을 건너는 뜨거운 바람의 숨결

음침한 지하 세상으로 좁은 길 따라 내려

죽음을 만나고 해골들 사이를 돌다가

천사가 되어 빛의 도시로 날아오르면서

끝날 줄 모르는 불멸의 존재!

누가 삶을 유한하다 하느냐

죽음과 생명이 함께 기다리는 어두운 동굴

다 태울 수 없는 무한한 욕망의 불길 속으로

주저 없이 달려들며 나는 영생하리라

한없는 하늘과 바다와 어둠과 죄악에 둘러싸여

빛이 되고 어둠이 되면서 언제나 나는 있으리라!

오름의 날들

초여름 푸른 숲을 찾으면
산들바람으로 와서
나를 안고 가던 당신

오름 봉우리에 올라서서 보면
초원에 피어난 들꽃 무리 위로
환하게 번져가던 당신의 미소

산새들의 숱한 속삭임은
감미로운 당신의 언어
꽃향기에 취하여 일어나던 노래

내 마음속에 기쁨이 일면
함께 즐거운 당신
온 세상 펄럭이는 당신의 춤,

겨울밤 울부짖는 바람 소리에

외롭게 내 마음 흔들릴 때면
찢어진 구름처럼 흩어지는 당신.

어떤 시에 붙여서

나는 이름 없는 영혼, 정의되지 않는 본질
어둠 속에서 고동치고 안개 속을 흐르면서
멀리 별을 바라보고 달의 고요에 안기며
하늘의 구름과 해안의 파도를 따르다가
들에 꽃과 폐허의 돌무더기에서 서성이는 바람
천둥과 번개의 섬광에 묻어서 가고
마른 잎들 사이에 이슬로 빛나다가
하늘로 오르는 연기에 스미고
산 속에 흐르는 물을 따라가다가
동굴 속에 갇혀 메아리치는 침묵
세월을 밟으며 지우는 발자국
흔적도 희미한 잊어버린 동네에서
미지의 빛을 담는 하늘, 그리고 땅
이 모든 것 속에 섞여서 사라지는
가없는 존재.

오름 바람에

오름 바람에 날리리라
서러움과 분노, 절망과 사랑도
모두 날리리라

그런 것들이 다 무엇이더냐
시간은 물결치며 빛을 바꾸고
영원처럼 연달아 오름들 서 있는데

꽃 피우는 오름의 풀과 나무
가시나무와 찔레, 묵은 덩굴에도
솟아나는 새봄의 향기

바람에 말리는 빨래처럼
오름에 내놓아 다 날리면
나도 풀처럼 가볍게 남으리라.

이 봄날 당신은 아프고

라일락이 벌써 피었네요,
바람에 온몸 맡긴 줄기들
꽃송이와 잎 모두 흔들고 있네요,
당신 아픈 이 봄날,

제비들이 오늘 돌아왔네요,
긴 여정 마쳐서 기쁜 듯
하늘에 원을 그리며 춤을 추네요,
당신 아픈 이 봄날,

남았던 벚꽃 이파리들이
바람 타고 날아서 가네요,
나무 사이로 걷는 나를 두고,
당신 아픈 이 봄날

아! 붉은 목련 봉오리들
줄기에 멈추어 기원을 올리는 듯

모두 시선을 하늘로 모았네요,

당신 아픈 이 봄날에!

이름

너희들 이름은 무엇일까
바닷가 보랏빛 꽃의 대답은
이름이 왜 필요해,

바람에 흔들리는 꽃들
마지막 여름을 태우는 태양
강렬히 빛나는 둔덕

이름에서 벗어나
그들 속에서 나도 웃었다
바람에 함께 날면서.

당신의 편지는

잠든 사이 마당에 고이 내린 눈
밤하늘에서 창안으로 시선을 보내는 별
흐르는 강을 건너며 불어오는 바람
피아노 소리로 아침 풍경을 새로 씻는 손
꽃잎 같은 두 볼에 바람맞으며 달려갔던 아이
그리고 꿈속 나의 정든 마을 밝히는 등불
거기에서 도란도란 나누는 옛날 우리 이야기.

그 노래

바람이 물결을 타고
파도가 바람을 안듯
노래를 타고 오는 목소리,
그리움이 날개를 펴고
아픈 세월이 가슴을 열고

노래의 물결 속에서
슬픔도 후회도 모두 춤이 되어
떨어지는 빗방울로 구르며
무수한 발로 춤을 추어, 잠시
마법으로 수선스러운 지상

어두운 밤하늘 한 자락을 휘어잡아
펄럭이며 별들과 노는 바람처럼
들썩이는 춤으로 지상을 흔들고
미련 없이 멀어지는 그 노래는
골목길 돌아서 가는 당신 발소리.

그리움이 나를 막아

나는 갈 수가 없네요,
크나큰 그리움이 나를 막아서.

그대 향해 마음은 이미 달려갔지만
가슴 벅찬 이 순간에 압도당하여
그대 세상에 닿을 수가 없네요,

저 하늘에 일찍 돋은 별을 보며
지는 해를 애절하게 전송한 후
밤바람이 불어오는 그리움 안고

어둠 속으로 돌아가는 마음
일렁이는 이 노래를 그대는 들으시나요.

보고 싶어요

보고 싶어요,
오늘도 내일도 또 내일도
그러나 만나지는 말아요,
고운 봄날처럼 이 설렘을 아껴서
서둘러 꽃 피고 시들어 떨어지게 말아요,

보고 싶어요, 그래도
저녁에도 아침에도 또 낮에도
그래도 볼 수는 없어요,
기다려 봐요, 멍울처럼 아려오는 가슴에
일렁이는 물결이 우리를 어디로 밀어 가는지.

느끼시나요, 밤이면 내려다보는 별
바람에 날아가는 봄꽃들
그리움으로 물결치는 먼 들,
당신의 노래로 밝아오는 하늘 아래
웃으며 걸어서 함께 갈 옛날 그 마을을.

개나리꽃

낮익은 그 바위 옆 개나리 덤불
노란 꽃가지들 바람이 흔들면
당신이 걸어오시던 그 길로
구름이 모이다가 흩어지고,

노랗게 밀려오는 꽃물결 타고
마음에 옛 노래가 흘러들면
막혔던 눈물 솟아나듯
느닷없이 그리움 일어서,

다시 피는 개나리 덤불에
꽃같이 다시 피는 마음
노랗게 오르는 꽃들의 하늘로
잊었던 노래 다시 일렁이고.

그 여름의 노래

슬퍼하지 않겠습니다,
당신이 이제는 잊었다 해도,
그 여름의 노래가 울리던 하늘
푸른 나무 사이로 달리던 길
손잡은 듯 나란히 서 있던 그 산들을

이제는 지상에서 사라진 듯
기억 흐려져 다 지웠다고 해도
그 노래 속으로 다시는 나가지 못하고
어디에선가 들리는 듯하다가
멀어지는 그 노래가 아주 사라져도,

노래가 떠나버린 하늘 아래에서
더 이상 가슴 미어지지 않겠습니다,
홀로 바라보는 하늘에
별과 달이 뜨는 밤이면
아직도 마음은 그 하늘로 오르고 또 올라도.

꽃잎 떠내려간 물

흐르는 물에 꽃 내리던 날
물살은 빠르게 흘러 흰 꽃들 데려가고
당신은 물의 노래를 불렀지요.

그렇게 빨리 물은 흘러가고
그렇게 빨리 꽃들은 사라졌지만
아직도 당신의 노래는 들려와요

노래의 길로 들어가서 따르면
그때 꽃들 데리고 물이 간 곳에 닿고
웃음 지으며 거기 당신도 있을까요.

먼 나라의 노래

먼 나라에서 온 그대
이국의 언어로 부르는 노래
눈 내리고 바람 부는 마을에
피고 지는 꽃처럼 살던 사람들 이야기

얼어붙는 겨울 대지 아래에서
꿈과 함께 자라던 봄의 숨결
잃어버린 그대의 고향이
노래에 실려 살아온다,

산과 들을 채우며 노래는
새파란 강을 이루어 흐르고
강바람에 나뭇잎 날리면서
그리운 얼굴들이 엽서처럼 날아든다.

음악회에서

1.

음악이 울리면 시작되는 춤
금빛 모자를 쓴 호른 소리가 풍선처럼 날아오르고
뒤따라 관악기 소리들 모두 떠올라서 돌아다니며
새들처럼 서로 부르고 날다가 멈추어 날개 잠시 잡고
빛나는 소리의 방울들이 튀어 오르고 내린다.

아름다움에 눈물 흘리며 첼로와 플룻이 따르고
가까이에서 멀리에서 일렁이는 피아노의 물결,
하얗게 빛을 내는 여인들의 드러낸 팔
젊음의 꿈이 홍조를 띠며 귀를 기울이고
청춘의 노래는 그리움을 밤하늘로 보낸다.

2.

열어 봐, 귀를 열고 마음을 열어

고즈넉이 갈앉는 밤 어둠이 사방을 안고

문을 두드리고 지붕을 흔들며 바람처럼 커지는 노래

막힌 가슴 뒤흔들도록 노래를 맞아들여 봐

3.

아득한 이곳은 기억 속의 땅인 듯
첫눈처럼 낯설고도 익숙한 전나무들
내리는 밤처럼 해독 못 할 신비한 언어의 숲
소리의 강을 따라가는 아스라한 계곡

검은 덤불과 마른 풀 황량한 들
사람의 발자취 없는 그곳
인간의 몸을 벗는 곳
안개 짙은 숲에서 시야도 사라지고

잊어버린 가슴에 해묵은 세계를
물처럼 흐르게 하는 음악
홀로 거니는 아득한 이 숲은

언젠가 다시 돌아와 머물 곳인 듯.

일몰에 자전거를 타면서

지는 해를 향해 달리면서 '샤쿠-르!'
북미대륙 원주민 부족의 말로 불러보는 태양
달리는 바람에 뛰어드는 풀 냄새

장대한 붉은 빛이 하늘을 물들이고
타는 숯처럼 구름에 일렁거리는 불꽃
어느 사이에 오는 어둠

그 빛과 온기를 경배하며
수많은 사람들이 노래했던 태양
오늘 나도 마음 담아 안녕을 고하고

또 하루 낮이 책 한 장 넘어가듯 저무니
일어서는 바람에 섞이는 아픔은
내 안에 깃들었던 이 세상 영광의 한 조각

아침에 일어나 저녁마다 맞는 작별

저녁 속에 자전거는 곡선과 직선을 그리며
사위는 붉은 빛 향해 달려가지만

빠르게 사라지는 하늘 호수
생명의 혈관을 데우는 뜨거운 얼굴 가리며
장막을 덮는 어둠은 다시 부활을 대비한다.

겨울 공원

1.

눈 내린 아침
떨어진 열매와 잎들의 날들을
작은 나무 혼자 노래 부르는데

어디에선가 날아온 작은 새
나무에 내려 함께 노래 불렀다
여린 노래에 흰 눈송이들 춤을 추고.

2.

오늘 아침 작은 새의 노래는
나무에 남긴 작별의 말
하늘 한구석에서 맴돌다 사라지고,

잃어버린 길을 찾아가는 작은 새
작은 나무에 은실처럼 감기는 서운함

하늘 어둡고 세찬 바람에 날리는 눈

날아오는 검은 색, 회색, 갈색의 큰 새들
지나가는 그들의 외침 소리
작은 나무 홀로 서서 듣고 있다.

외로움은 하이쿠 풍으로

1.
새벽 흰 반달
올해 여정은 어디쯤인가
개월 수 헤아린다.

2.
책 읽는 밤
문득 고요하여
시린 손 비빈다.

3.
단풍잎 날아
내려앉는 길에서
아픈 친구 생각

4.

겨울 찬 하늘

높이 떠오른 달이

내 심장 속을 들여다보는 듯.

함박눈 고요

무수히 내리는 눈
흰 꽃잎으로 날아오는 눈

숨죽인 나무들을 어루만지고,
고개 숙인 풀 살살 덮어

고요로 가득한 세상에
하루 낮과 한 밤 동안 머무는 신비

내게로 오고 우리 집에 와
마당에 방안에 문을 열며 와서

거대한 그 숨결 속에
내가 숨 쉬고 집이 숨 쉬고.

Ⅳ. 돌아오는 길

홍랑의 길

-제주 의녀 홍윤애[1]-

스스로 마음먹고 그곳으로 떠났던 여인
새가 되어도 갈 수 없는 그 길을
몸을 버리고 갔나,

엄마 부르는 아가와 파도 소리 뒤로 하고
햇살의 노래 퍼져가는 하늘
눈 아프도록 바라본 후 떠나갔나,

누가 다시 그 길을 열까,
밤하늘에 별들 사이로
구름들과 함께 가는 그 길을,

그곳 향해 나서는 날은
작별을 고하는 오름과 억새들
눈물 뿌리는 바람까지 넘어서 갔겠다.

---

1 홍윤애는 조선 시대 정조 치하에 제주로 유배를 왔던 조정철의 아내 역할을 했던 제주 여인이다. 그녀는 조정철의 누명을 부인하면서 고문으로 숨졌다. 제주시 애월읍 유수암리에 그녀의 무덤이 있다.

하늘이나 베리주

"하늘이나 베리주 어떵 말고,
허여볼 쉬가 이시냐"
(하늘이나 바라볼 밖에, 어쩌겠니
해볼 도리가 있나)

마지막 남은 딸의 암 진단 소식에
초췌하여진 얼굴
그래도 미소로 맞아들이는
우리 고모는 이제 팔순

젊은 시절 병든 남편 사별하고
막내 외아들도 단명,
결혼한 큰딸은 남매를 남겼지만
암으로 일찍이 떠나가고,

키워낸 손주들 거느리고
아직 마음 따스한 고모,

그 삶의 밖에서 아무 대답 못 하고

겨울 하늘 올려다보는 나.

다른 사람들

교통사고로 첫 딸을 잃은 아버지
그래도 침착하게 손님을 맞는다.

조문객들은 오로지 자기 삶에 심취한 듯
펼치는 내일의 계획과 손자들 이야기

식사 잘하시라며 일어서는 그 아버지
가슴에 삭막하게 바람이 불겠다.

그의 딸 떠나며 미래의 사위나 손자
그 모든 존재의 뿌리가 끊어진 날

불길 따라 영원히 떠나보내는 다른 세상
다른 사람들은 어버이의 기쁨을 말하는데

잃어버린 딸은 사진 속에서 저리도 곱고
홀로 받아들여야 하는 현실은 왜 이리도 낯선가.

행복한 두 사람

1. 카자흐스탄의 노인

나는 행복하다
초원이 있어서
아침에 양을 몰아 나가고
저녁 되면 데리고 돌아오니
황금빛 초원은 나를 기다리는 벗
날마다 나와 함께 노래한다.

2. 제주의 팔순 해녀

나는 기쁘다
마음 가득 기쁘다
바다 속에 들어가면
나의 옛날 그대로 남아 있어서
변함없는 나의 세상 그곳에
언제든지 돌아갈 수 있어서.

선흘꽃밭의 합창

바람 불어서 노래 소리도 함께 날아
큰 구름 움직여가는 푸른 하늘
꼬리를 따라가는 아기 구름
바람에 일렁이는 나무들
노래에 술렁이는 이 봄날!

초원의 꽃

몽골의 드넓은 초원
푸른 하늘 아래
달려가는 마차 한 대

실려서 가는 집과
솥단지와 이불,
먹을 것들 사이에 옷 보퉁이

바람이 나서며 길을 안내하고,
흰 구름도 부풀어 달리며
양떼와 말들 모두 따라 달린다.

말고삐 잡고 마차를 모는 할머니
할머니 저고리 등에 수 놓인 붉은 꽃들도
달린다, 푸른 산맥을 향해.

차마고도

히말라야 산맥 거대한 산들
까마득한 낭떠러지 절벽의 주름들
완강한 돌들의 치아 사이로
길을 내고 마을을 이루어
야크와 함께 사는 사람들

눈과 구름 속 하늘 가까이에서 이어지는 길
구름 같은 먼지 속에 멈춰 불을 피우고
연기 속에 물을 데우고 마음을 데우며
하늘로 보내는 그들의 염원

뜨지 않는 무지개는 기도 깃발로 세우고
야크 등에 올려놓는 소금과 찻잎, 옥수수 낱알들
산을 오르고 눈밭을 건너며 계절마다
목숨 걸고 옮겨가고 옮겨오는 끝없는 여정

바람에 날리는 무지개 깃발들이

곳곳에서 하늘로 춤을 대신 올리고
그들의 고난과 염원의 길에
바위와 같은 영원을 내려준다.

덕산 저수지

살짝살짝 호수 위를 밀면서
잔물결을 일으키는 산들바람
햇살을 품고 춤을 추는 물결

밀려오는 작은 정령들!
물 위에 미끄러지며 빛을 터뜨려
멀리 가까이 부서지는 숱한 섬광

파악할 틈도 없이 빠르게 오고 가며
빛의 작은 비늘들을 몰고 다니는 무리
노래하는 호수에 벌어지는 눈부신 춤!

두문동 금대봉 야생화

사방 높은 산들이 물결치는 골짜기 길
포장도로가 구부러지는 지점에 차를 세운 후
거기 작은 가게는 여름에도 난로를 켜놓는다고
동생은 설명하며 앞서서 산길을 걸었다.

마중하듯이 날아오는 하늘 가득한 잠자리들
날리는 나뭇잎인 듯 가슴과 어깨에 내려앉아
나른히 햇살을 받으며 쉬던 기이한 잠자리들,

한창인 들꽃들은 저녁 햇살에 아른거리며
황금 가루에 점점이 박힌 붉고 푸른 보석들처럼
산 능선 따라 이어져 합창처럼 퍼지고 있었다.

푸른 산맥을 배경으로 가득히 피어났던 그 꽃들
일어서 하늘로 나아가던 고운 색의 메아리
내 꿈속에서 지금은 산들과 함께 아득히 떠간다.

무섬마을에서

백일홍과 채송화, 봉숭아와 달리아
옛날 기억과 똑같이 찬란한 여름 꽃들
햇살 속에 아른아른 피어난 지난날인 듯
조롱조롱 초록 대추알도
벗들처럼 마주 보며 반짝인다.

마을 앞에 드넓은 흰 모래밭
얕은 물 건너 세워진 외나무다리
삼백여 년 지난 마을의 시간은
조롱박과 호박 덩굴로 텃밭에서 자라고

도시를 떠나온 여름이 잃어버린 시간을 더듬다가
매미 소리만 싣고 자동차들이 돌아갈 무렵
냇물 건너 외나무다리 너머
숲 위 먼 산으로 오르는 달

정자에 오른 늙으신 어머니

노래 흥얼거리며 원을 그리고
지팡이가 박자를 찍는데
옆에는 중년 지난 딸들, 산들바람이 분다.

알작지와 선작지왓

1.

제주시 내도동 알작지 해변 자갈들
운명처럼 파도 속에 뒹굴며
물결이 세게 밀면 세게 부딪쳐
물속에서 따르르 구르고,
약한 물결 오면 또르르
또 다른 소리로 몸을 굴리며
끊임없이 부딪치는 조약돌들

얼마나 긴 세월을 굴려야 조용해질까,
바다가 마르는 날까지인가
모두 모래 되어 소리를 죽일 때까지인가,
약속 없는 세월을 서로 밀고 밀리며
더 둥글어지고 더 작아지려고 밤낮없이
멈추지 않고 구르는 돌들
이어지는 그 소리

2.

한라산 영실 지나 선작지왓
신들이 거처로 삼는다는 고요한 절벽 위
굳게 받쳐진 고원에 오르면
망망한 평원에 서 있는 돌들
구름은 아래 산허리에 걸려있고
조릿대들이 잎을 펴고 퍼져나가는 초원

바위산을 넘어온 바람이
일어선 돌들 사이로 술렁이며
돌 굴리는 물결처럼 끊임없이 조릿대를 비비니
물결 속에서 구르는 돌들처럼
온몸을 맡기는 조릿대들
영원을 맞아들이며 그 속삭임을 듣는 듯.

은선동隱仙洞 계곡

계곡이 품고 있는 아득한 시간
바위벽에 새겨진 뚜렷한 글 '은선동隱仙洞'
신선들은 이곳 어디에 숨어 있는가.

찾아왔던 사람들 옛 이름 입은 채 절벽은 서 있고
구석에 작은 글씨는 검푸른 돌이끼가 덮어서
말이 막혀 새소리만 듣는다.

계곡 바위벽과 그 틈으로 일어선 나무들
떨어지는 나뭇잎, 구슬 같은 붉은 열매
밀려오다 멈춘 돌들 사이로 물이 흐르고

절벽을 마주 보는 큰 회색 바위
매끈한 면에 공책처럼 가지런히 그어진 줄무늬
거기 바람을 타는 나뭇가지가 그림자 글을 쓴다.

끊임없이 출렁이다 사라지고 다시 쓰이는 문장들

숨은 신선들의 글인가 계속되는 그림자 글씨들
해독할 틈 없이 사라지는 비밀 세계의 문자

뜻 모를 글은 신선들의 계곡에 계속 적히는데
그저 나뭇잎과 작은 조약돌만 만지다가 나는
돌아서서 나온다, 해야 할 세상일들 떠올리면서.

오키나와

1. “시사”

사방에 보이는 오키나와 전설의 동물 “시사” 상
꼬리를 올리고 앉았거나 달려들 태세로 선 모양
벌린 입은 복을 받아들이고, 불행은 입 다물어서 막는다고,

지붕 위와 벽, 문 옆과 마당에서
밤과 낮을 지켜보는 “시사” 들의 둥근 눈
사람들의 꿈길까지 따라가며 지킬 듯,

뱀 피부로 감싼 세줄 현악기를 튕기며
사람들 노래하고 해묵은 고주가 돌고
관광객 붐비는 거리에서 웃는 크고 작은 “시사”들

섬의 바다 은빛 푸른 물 아래 산호초에 자라는 꿈
남정네는 나가 넓은 물에 물고기를 몰아오면
얕은 물에서 건져 올리는 아낙들의 옛 바다

전쟁의 불길에 재 되었던 사람들이 불사조처럼 살아
왕궁의 역사가 되돌아오고, 새 도시에 새 물결 일어
평화와 번영의 길을 찾고 있다

2. 오키나와현 평화 기원 자료관

바다를 마주한 드넓은 마당
벼랑 아래는 푸른 바다
흰 파도들이 다가오고 밀려가고
바람은 옷깃을 붙들고 흔들며
전쟁에 쓸려간 이름들을 말한다,

검게 선 돌 위에 흰 무늬처럼 촘촘히 박혀
물결처럼 열을 지어 오는 수십만 이름들
일본, 한국, 영국, 아일랜드, 미국...
국적도 발음도 다양한 이름들

그때 군인이었던, 식민지인이었던,
이곳 주민이었던 이름들

흑백 사진에 남아있는 학교
모여 선 할아버지 할머니 어머니 아버지
신발 벗어 앞에 놓고 앉은 아이들 초롱초롱한 눈매,
노역장에는 무장한 군인들 사이에서
일하는 고단한 주민들

잃어버린 이 이름들을
바다는 어디로 데려가 묻어놓았는가
낮은 벽으로 선 검은 돌들은
햇살 아래 아직도 못다 새긴 이름들을 기다리고 있는데

이 마당을 걸으면서 모두 소망하라
이 바람과 파도에 피의 광기가
다시 실리지 말기를
우거진 초목들의 섬
전쟁의 불에 다시는 타지 않기를.

3. 미술관

눈먼 길거리 고양이 상

전쟁터로 가는 군인
그가 밟는 땅은 온통 불길
배낭 위로 피신한 새 한 마리

바람 부는 섬 오키나와
그 땅에 자라난 풀과 바위

늙은 어머니의 황톳빛 얼굴 주름진 초상
자화상을 둘러싸는 무성한 식물들

바다의 노래가 다시 들려오고
향수와 슬픔에 절어서
항구는 다시 바다의 춤에 몸을 맡긴다

4. 세이화우타키

옛 왕국
해상무역으로 누리던 번영
먼 섬을 향해 머리를 조아리며
신의 은덕을 빌었던 신녀의 숲

조용한 기도터에 들어서면
솟아있는 돌과 절벽
돌을 안고 뿌리를 내린 나무들

하늘로 올랐던 신녀의 노래는
오늘 찾아온 사람들의 머리 위로
숲의 고요와 바람이 대신 전하고,

고개 들어 올려다보면
바위 사이로 내려오는 빛
신령한 힘을 주는 듯이 행인들을 씻는다.

버스를 타고 가는 아침

일렁이는 첼로 소리가
푸른 호수를 불러와
뚝 떨어지는 눈물 한 방울,

선율을 타고 아득히 떠나는 마음
구름 너머 평원과 햇살 퍼지는 오름들
차례로 와서 정거장에 섰다가 다시 흐른다.

가을 나뭇잎처럼 노랗게 날리는 고단함
지난밤의 어지러운 꿈과 막연한 의혹들
차근차근 아침의 대기로 씻어내며

가슴에 깃들었던 어둠에도 빛이 들고
첼로 소리는 끝이 없는 길로 이끌어가
멀리 달리면서 차는 하늘로 흐른다.

이르쿠츠크 시 한 광장에서

러시아와 몽골의 접경 시베리아의 도시
날 저물어 가는 이르쿠츠크 시 광장에서
내 마음이 펼치는 영화에 등장하는 인물들

청춘의 머릿결과 고운 뺨 반짝이는 아가씨
아이 손잡고 가는 엄마의 환한 미소
뛰어가는 소년들과 멈춰서 지도를 보는 관광객

지팡이를 쥐고 벤치에 앉는 흰 모자 쓴 할머니
양옆에서 열심히 귀 기울이는 두 여인
나의 과거와 현재와 다가올 앞날을 보여주는데

자전거 탄 아이들이 바람처럼 지나간 뒤에
차례로 다가와 섰다가 떠나가는 전차와 버스들
쉬지 않고 이어지는 삶의 드라마

이윽고 저녁이 오는 호수 같은 하늘에

별들은 빛나는 광채로 마음을 이끌어

나의 영화는 또 다른 길로 계속 나아간다.

올콘 섬

1. 가는 길의 부랴트 부족 운전사

차 앞창에 작고 붉은 깃발은 장식 겸 애국심의 표시
차 머리에 그려 넣은 검은 문양은 부족 공화국의 상징인 듯
관광객 태워 운전하다가 차를 세우는 부랴트족 운전사
길가에 나타난 기도 단에서 잠시 머리 숙여 기도 올린 후
다시 운전석에 앉는다.

먼지 일고 자갈 날리는 황량한 길 달리지만
하늘로 올린 그의 기도는 가는 길 무사히 이끌리라
기도 깃발처럼 색색으로 바람에 나부끼는 마음
먼지 구름 속에서 모두 한마음으로 새 땅 향해 달린다.

2. 올콘 섬

시베리아 벌판 남쪽 어디 쯤

굽이굽이 먼지 이는 자갈길 반나절을 달려
작은 배를 타고 바이칼 호수의 협만을 건너
도착한 곳은 황량하고 바람 부는 섬 올콘

메마른 벌판을 휘도는 길에 동자석처럼 다가오는 것은
가까이 보니 길 안내를 위해
나무 다듬어 세운 이정표인 듯
군데군데 놓인 짐승의 흰 해골도
막막한 초원에 이색적인 길 표시가 되는가

건조한 들에 풀은 깎지 않아도 자라지 못하고
호수 물은 넘실거리나 목이 마른 대지
비 없는 하늘에서 바람이 일어나
또 한 차례 비의 희망을 주고

나무로 지은 오두막들 모여 작은 동네 같은 여관
찾아든 세계 사람들을 안내하는 러시아 아가씨

그 둥근 갈색 눈동자에 미소 가득
바람을 거르는 숲과 섬 속의 작은 호수로 이끈다.

말없이 운전하는 동네 아저씨가 들에서 끓인 생선국
아가씨가 들려주는 고향과 가족, 학교와 친구
그녀가 일하러 나갔던 여러 나라 사람들 이야기

호수와 섬의 벌판, 나무처럼 서 있던 기도 깃발들
사람들을 모여드는 섬, 곳곳에 부는 바람
만남과 기억으로 이루어지는 정 많은 삶이여.

돌아오는 길

푸른 어둠,
무한한 하늘의 어둠
전등 깜빡거리면서 나가는 비행기
나도 작은 별이 된 듯,
하늘 어디에 누군가는 해독하고 있을까
어둠 속을 날아가는 이 빛의 언어를

비행기 안에 사람들은 물속의 해초처럼
졸음에 잠겨 꿈길에서 흔들리고
도시의 집과 거리의 불빛들 지나
푸르른 어둠 속에 모두 멀리하고
낯선 도시에 남겼던 마음도
어둠의 뒤로 가버리고

청춘 뒤로 사라진 그림자인 양
공항 활주로에서 꽃처럼 별처럼 붉고 노란
전등의 꽃이 철선의 줄기 위에 다시 피어나

땅 위에 수 놓인 숫자와 선들이 인도하며
수많은 약속이 집으로 가는 길로 이끄는 밤
한 번 더 나는 다시 오지 않을 꿈을 품는다.